LIVERDAD

LIVERDAD

Pauluna Suarez Rosero

Para realizar pedidos de este libro, contacte con:
Palibrio LLC
1663 Liberty Drive
Suite 200
Bloomington, IN 47403
Gratis desde EE. UU. al 877.407.5847
Gratis desde México al 01.800.288.2243
Gratis desde España al 900.866.949
Desde otro país al +1.812.671.9757
Fax: 01.812.355.1576
ventas@palibrio.com
471636

INDICE

ESTANCIA I..5

ESTANCIA II 9

ESTANCIA III 15

ESTANCIA IV 19

ESTANCIA V 23

ESTANCIA VI 27

ESTANCIA VII 31

ESTANCIA VIII 35

ESTANCIA IX 39

Sobre la autora.. 43

La libertad es la más bella utopía del ser humano

ESTANCIA I

De tu candor etéreo

canto tenue

entre hojas

entre ojos

y mente

sutil cantora

caracola

que se esconde

se enseña

se evapora

dulcemente

¡Yo te encontré en mi alma Liverdad frutecida!

Gaza niebla perfuma

tu alborada

entre razón

urgente

vienes, vuelas

y vuelves

bailarina

juegas en

goce leve

como mi luna albina.

¡Alborozadamente!

¡Yo te quiero encantar como a una flor de un día!

Te busco entre la bruma

soñadora

entre tu viene y va

candente,

fría mente.

Enuncias

tu figura

sorpresiva

inquisidora

-pregunta que responde-

¿En dónde estás realmente?

Yo quisiera pensar que eres libre….¡cautiva!

ESTANCIA II

Me siento a contemplarte

en el burdel

inmenso

de la duda,

te persigo,

te acoso

y me sumerjo

en tu loca cordura

como un ciego…

como el ciego

que mira, sin mirar.

¡Yo quisiera mirarte eterna claridad!

Te compran y te venden,

te fabrican

completa,

…sin mesura

te dicen y desdicen,

te tatúan

grilletes

y ataduras

esgrimen

la soberbia

sin verdad.

¡Yo quisiera salvarte de toda irrealidad!

(Se matan por tenerte

se drogan y

se mienten…

conjeturan,

fanatizan

tu brillo,

se enajenan

en barbarie,

satanizan

tu esencia

¡sin culpa y sin piedad!)

¡Yo quisiera saberte en otra realidad!

Y sola, sola mente

despojada

del sueño

de mi luna

contemplo

los herrajes,

los alfanjes…

el miedo

cual verdugo…

¡humanidad!

¡Tan sola humanidad!

…¡Liverdad!…¡Rompe este loco arcano Liverdad!

ESTANCIA III

Cuando el aura pristina

me ilumina,

me enamora

y curiosa

me enciende…

mente adentro

resuena

canturreando

las verdades…

…¡verdades!

¡Te escucho clara mente!

¡Quisiera ser diamante, y brillar tu cantar!

Arrancaré la piel que

me aprisiona,

el andamio,

la argamasa,

candente

las cenizas…

liberaré

la idea

voz de agua

cantarina

¡Apasionada mente!

¡Quisiera ser reflejo, espejo en tu mirar!

Exhumaré el pasado

que me aflora,

eterno ser

y estar.

-lapida mi presente-

fantasma,

realidad

que desnuda

mi mente,

desnuda

de toda idealidad….

¡Quisiera romper auras que de ayer devendrán!

ESTANCIA IV

Te sienta bien el color

de la sabiduría

Liverdad.

Si en mi cuerpo

mil sierpes

desgañitan

por emprender

tu vuelo,

buscando

una razón

…eternidad…

¡Quisiera ser valiente para entigo volar!

Habito en la nostalgia

amanecida

de anhelos

desiertos,

y pensando

contemplo

sin mirar…

al romper

paradigmas

en ti,

¡Osada mente!

¡Quisiera romper miedos, - mis miedos-, Liverdad!

Es como parir sueños

correntosos,

atrevidos,

audaces

y turbios…

¡peligrosos!

Por creer

que debes

existir y

liberar.

¡Desesperada mente!

¡Quisiera liberarme en eterno pensar!

ESTANCIA V

Un soplo te sostiene

firme mente

tratando

de soltarte

de pútridas

estacas

atavistas

que te atan,

…que nos atan…

después del bien

o el mal…

¡Infinitos trasciendo para poderte hallar!

Pernocto en los umbrales

concienciales

para poder

llamarte

¡Liverdad!

…¡llamarte!…

Sueña verdad,

sueña

en cierto…

sueño ser,

sólo soñar…

¡Detrás de este sueño siempre te puedo encontrar!

Despierto en los umbrales

concienciales

y así puedo

encontrarte

¡Liverdad!

…¡encontrarte!…

Piensa verdad,

piensa

en cierto…,

pienso ser,

sólo pensar….

¡Me pienso y me razono cruzando ese umbral!

ESTANCIA VI

Mi cuerpo en sus raíces

suspendido

de nada,

justificando

oníricos

destinos,

cucuyas

de un camino

fantasma…

-respuesta que pregunta:-

¿a dónde guiarán?

¡Quisiera que me guíe tu acierto, Liverdad!

Mis células, partículas

y átomos

me atan

realidad.

-Mi dimensión exhausta-

sumida

en tiempo

espacio…

¡Estatizada!,

sin poder

despegar…

¡Quisiera trastrocar mis laberintos sin paz…!

…El tiempo que no tengo

que no ocupo

ni siento

por ese espacio

eterno

no cruzado

no visto

no pensado

vivido…

ni alcanzado.

¡Final, tan finalmente!

¡Quisiera vencer tiempos soñando en tu soñar!

ESTANCIA VII

Me esclaviza un destino

que no intuyo

ni creo,

pero que

lo camino…

¿A dónde?

-Detrás del arco iris-

en el cosmos

latente

sin fin y

sin final…

¡Más allá de mi luna te intuyo Liverdad!

Me sujetan cornisas

para llegar

a ti, mi

Liverdad…

Sólo en el

pensamiento

Inmaculado,

¡sólo!

conciente y

cognocente

estallas ¡frágil mente!

¡Más allá de sentirte… tan sabia, más allá!

Me eternizan premisas

que no entiendo,

no quiero

ni siento,

que no vivo

ni muero,

que me estallan

me muerden

y amordazan,

que turban…

¡sola mente!

¡Los preceptos violentos que me aturden, verdad!

ESTANCIA VIII

¡Devélame tu arcano

libre mente!

Sedúceme

en ideas…

¡Devélalo!

Amanece

mi entraña

-luna maga-

ilumina

perenne…

¡Canturreadora mente!

¡Quiero habitar en ti deliberadamente!

Yo, romperé ilusiones…

de caminos

trazados,

de ritos

omniscientes,

de verdades

trasuntas,

de la sabia

"falacia"

de doctrinas

sagradas…

¡Para dejar mí acervo, y buscar nueva mente!

(¡Sacratizada mente!

Romperé los

...cristales

de la ciencia

infinita,

refutable,

inquisiva,

refractable,

irreverente

per se.

¡definitivamente!)

¡Romperé los conceptos del exacto cantar!

ESTANCIA IX

Este universo absorto,

concordante,

creyente…

in finito

que se crea,

pensando,

que se piensa,

creando,

explora y

se destruye

¡Tan constructiva mente!

¡Dadora y receptiva, brillante Liverdad!

Eres alfa y omega

día y sombra…

inocente.

-Utopía

mi luna-

Inherente

conciencia,

trascendencia

de voces…

¡Siempre fiel,

Liverdad!

¡Eres luz que ilumina liberta, la verdad!

En eterno presente

por el poder

da luz…

atemporalidad,

vencedora

de muertes

…y vidas…

¡más allá!

Proyección de

lo eterno…

 ¡Liverdad!

¡Eres dulce utopía en mi ansia de encontrar!

SOBRE LA AUTORA

PAULUNA SUÁREZ ROSERO

Nace en Ambato- Ecuador el 20 de Julio de l963. Estudia en la escuela La Providencia y el colegio de La Inmaculada en su ciudad natal.

Contrae matrimonio con Marco Antonio Cobo, de cuya unión nacen dos hijos: María Magdalena Y David.

Autodidacta, gusta de la lectura, escritura, actuación y pintura desde su más temprana infancia. Debido a que la educación formal era restringida y no permitía ningún desarrollo extra curricular, sus posibilidades de expresión artística fueron reprimidas, al punto que para leer cuando era niña, debía esconderse con una lámpara de mano dentro de las cobijas de su cama. En esta época empieza su etapa de descubrimiento del mundo y de escritura, en pedazos de servilletas, en papeles descoloridos o en platillos desechables.

Su padre y dos intelectuales fueron sus maestros y mentores, motivándole a expandir su creatividad.

Luego de diez años de matrimonio, enviuda, quedando como único sostén de dos hijos y un hogar sin recursos, circunstancia por la cual se ve privada de desarrollar en forma eficiente su labor de creación artística, pero sin cejar en su labor autodidacta.

Desde muy joven participó en publicaciones en diarios y revistas literarias:

❖ **Participaciones:**

❖ Inquietudes juveniles. Diario El Heraldo. 1982-1983.

❖ Concurso Maruja Fierro. Colegio Hispano América. 1982

❖ Concurso Día del Amor. Colegio de la Inmaculada. 1983

❖ Concurso Nacional de Pintura Poesía y Cuento Primera Dama de la Nación, 1993

❖ Concurso Flor de Mayo, Diario El Heraldo, Segundo Lugar. 1997

❖ Encuentro Nacional de Escritores: Nuevos Nombres, Nuevos Lenguajes, 1997

❖ Bienal de Poesía. Cuenca. 1999.

❖ Encuentro de Escritores Arte en Carnaval. Ambato. 1998.

❖ Encuentro Internacional de Escritoras. Riobamba. 1998

❖ Encuentro Internacional de Literatura Francachela. Cuenca. 2007.

❖ Antología de poetas Tungurahuenses. 2008.

❖ Encuentro Internacional de Literatura Francachela. Rancagua. Chile. 2009.

❖ Feria del Libro Quito 2009.

❖ Encuentro Internacional de Escritores. Manta. Ecuador 2010.

❖ Miembro de la Asociación Poetas del Mundo. 2010.

❖ Miembro de la Unión Hispanoamericana de escritores 2010

❖ Encuentro Internacional de Escritores. Tarija-Bolivia. 2011.

❖ Socia y Miembro Correspondiente de la Unión de Escritores y Artistas de Tarija-Bolivia. 2011.

❖ **Cursos:**

❖ Formación de actores Centro de Arte Cesar Carmigniani. 1993

❖ Curso de Filosofía a la manera clásica. Centro de Artes Orfeo. 1996

❖ Oratoria par ejecutivos. Centro de Artes Orfeo. 1996

❖ Inglés aplicado a la telefonía. Universidad Cooperativa de Colombia.1998.

❖ Relaciones humanas y Oratoria. Centro de artes aplicadas, Chile. 1999.

❖ Curso a distancia Oratoria y Relaciones Humanas. Dale Carnegi. 2008.

❖ Lengua y Literatura. Universidad Técnica Particular de Loja. 2010

❖ **Nombramientos:**

❖ Nombramiento como Presidenta de la Asociación de Escritoras Contemporáneas del Ecuador Núcleo de Tungurahua. 1998

❖ Nombramiento Secretaria General de la Asociación de Escritoras Contemporáneas del Ecuador. 1999.

❖ Coordinadora del estudio, estructuración y desarrollo de la Cátedra de Montalvo. 2004.

❖ Fue declarada Huésped Ilustre por el Municipio de Portoviejo. 2010.

❖ Declarada Socia y Miembro Correspondiente de la Unión de Escritores y Artistas de Tarija-Bolivia. 2011.

❖ Declarada Visitante Distinguida por el Municipio de Tarija-Bolivia 2011.

❖ Declarada Huésped Ilustre por el Municipio de San Lorenzo-Bolivia.2011.

❖ Declarada Embajadora Universal de la Cultura por la Gobernación de Tarija, la Universidad Autónoma Juan M. Saracho, la Unión de Escritores y Artistas de Tarija y la Unión Latinoamericana de Escritores. Bolivia 2011.

❖ Declarada Socia y Miembro Correspondiente de la Unión de Escritores y Artistas de Tarija-Bolivia. 2011.

❖ **Autorías:**

❖ Publicación en Revista "La Hormiga" Facultad Ciencias de laEducación.1997

❖ Presentación del libro: Tiempo de Ser. Tiempo de Amar. 1998.

❖ Presentación del libro: Nueva Mente Para el Tiempo. Poesía. 2008.

❖ Presentación del libro: Aventuras Mágicas. Cuentos, canciones y poemas para niños. 2008.

❖ Presentación del libro: Cuentos Felices. Cuentos para niños. 2009

❖ Presentación del libro: Poemías. Poesía. 2010

❖ Publicación del libro: Liverdad. Poesía. 2013

Printed in the United States
By Bookmasters